Inhalt

Elektromobilität - Trotz aller Unkenrufe führt auch im Umweltmanagement kein Weg daran vorbei

Kernthesen

Beitrag

Fallbeispiele

Weiterführende Literatur

Impressum

Elektromobilität - Trotz aller Unkenrufe führt auch im Umweltmanagement kein Weg daran vorbei

Harald Reil

Kernthesen

- Ob Elektromobilität ein probates Mittel für betrieblichen Umweltschutz ist, ist umstritten.
- Trotzdem haben einige Unternehmen bereits eMobility-Modellversuche gestartet.
- Andere Konzerne setzen ebenfalls auf "grüne Motoren", experimentieren aber mit Gasantrieb oder Hybrid-Fahrzeugen.
- Trotzdem führt an Elektromobilität kein

Weg vorbei, da der Druck von asiatischen Ländern zu groß ist.
- Der Güterverkehr lehnt eMobility zwar nicht ab, seine Vertreter fordern aber eine Umweltprämie oder Steuererleichterungen, um die immens hohen Kosten abzufedern.

Beitrag

Streitthema Elektromobilität

Keine Frage: Die Zeichen der Zeit stehen auf grün. Auch immer mehr Unternehmen erkennen das und passen sich dem Trend an. Ob sie das aus Überzeugung tun oder lediglich aus Imagegründen, ist letztendlich egal. Was zählt, ist das Ergebnis. Und das lässt sich einfach formulieren: Nutzt es der Umwelt, ist es gut. Vor diesem Hintergrund ist es kein Wunder, dass auch das Thema Elektromobilität immer mehr an Fahrt aufnimmt. Autokonzerne wittern neue Absatzmärkte, Firmen testen schadstofffreie Fahrzeuge. Auch wenn das Budget noch oft aus dem Marketing-Topf stammt und nicht wenige ihre Energieeffizienz nur aufgrund von Nachhaltigkeitsberichten optimieren. Umweltmanagement kann unserer geschundenen Erde tatsächlich ein wenig Erleichterung verschaffen. Weniger klar ist aber, ob

Elektromobilität dafür geeignet ist. Neben vielen Befürwortern gibt es daher auch einflussreiche Kritiker, die das bezweifeln. (1)

Studienergebnis: kaum Nutzen für die Umwelt

Dazu gehört zum Beispiel die Deutsche Bank, deren Forschungsabteilung zusammen mit dem Institut der deutschen Wirtschaft im September dieses Jahres eine Studie veröffentlichte, die das Thema Elektromobilität gründlich aufgearbeitet hat. Die Wissenschaftler gingen dabei von folgender Voraussetzung aus: Was ist, wenn die Politik tatsächlich konsequent an ihrem Ziel arbeitet, bis 2020 eine Million Elektrofahrzeuge auf die Straßen zu bringen? Die Ergebnisse sind ernüchternd: Dass sich Deutschland in eine massive Abhängigkeit von China und Bolivien als Kupfer- und Lithium-Lieferanten begeben würde, ist noch hinzunehmen - schließlich ist der globale Handel ein feingesponnenes Netz von Interdependenzen. Viel alarmierender ist, dass trotz der hohen Entwicklungskosten kaum ein Nutzen für die Umwelt herausspringen würde. Das Fazit der Studie lautet daher: Effizientere Verbrennungsmotoren und Hybridfahrzeuge sind allemal eine bessere Lösung als Elektrofahrzeuge. (1), (2)

Warum liebäugeln Unternehmen mit eMobility?

Dennoch gibt es Unternehmen, die sich von diesen Prognosen nicht schrecken lassen. Dazu zählt zum Beispiel 3M Deutschland. Der Multitechnologiekonzern setzt seit Sommer dieses Jahres vier Kleinwagen der Marke Citroën C-Zero ein, die zwischen den Niederlassungen in Neuss, Hildesheim und Jüchen hin- und herpendeln. 3M rechnet, dass die umweltfreundlichen Flitzer dabei helfen, pro Jahr rund fünf Tonnen umweltschädliches Kohlendioxid einzusparen. Von 3M stammen außerdem Komponenten für die Solarpanels. Auch an der Entwicklung des Akkus war der Konzern beteiligt. Nun kann man 3M Deutschland sicherlich nicht vorwerfen, dass es sich auf den Modellversuch mit der Elektromobilität nur deswegen eingelassen hat, um sein grünes Image aufzupeppen - dem Konzern ist es schließlich gelungen, dank einer Vielzahl von Maßnahmen seinen Energieverbrauch während der letzten fünf Jahre um 26 Prozent zu drosseln; rentieren kann sich diese eMobility-Liebäugelei aber keineswegs. Was also steckt dahinter? (3)

Großer Druck aus China

Die Antwort lautet vermutlich: Der Druck, den der asiatische Markt - allen voran China - auf Deutschland ausübt, ist so groß, dass sich die Politik und die Industrie wohl oder übel auf das Thema Elektromobilität einlassen müssen. eMobility wird im Reich der Mitte sicherlich auch deshalb so großgeschrieben, weil selbst die chinesischen Machthaber eingesehen haben, dass sich die Umwelt nicht für immer ungestraft schädigen lässt. Natürlich will man auch die Abhängigkeit von Öl-Importen reduzieren. Für das deutsche Umweltmanagement bedeutet das: Die Fahrzeugflotten werden zunehmend "elektrifiziert", auch wenn es auf die Fragen, wie die hohen Entwicklungs- und Anschaffungskosten in den Griff zu bekommen sind, mit welchen technischen Lösungen die Reichweite der Fahrzeuge erhöht werden kann, und wie sich eine standardisierte Infrastruktur für Tankstellen aufbauen lässt, noch immer keine befriedigenden Antworten gibt. Das Management der Fahrzeugflotten wird durch den vorhersehbaren Antriebsmix auf jeden Fall anspruchsvoller. (7), (8)

Alternative: Gasantrieb oder Hybrid-Motoren

Vielleicht nimmt die Entwicklung aber auch einen anderen Verlauf. Es gibt Experten, die den

Elektromotoren in Zukunft zwar eine tragende Rolle zuschreiben, sie glauben aber nicht an deren Exklusivität. Diese Position vertritt beispielsweise Dr. Gunter Schädlich, der Leiter für Advanced Technologies beim Batteriehersteller Hoppecke. Unternehmen wie Edeka Minden-Hannover, Lekkerland, Mars, Rewe, Lidl oder Aldi Süd, die diese Annahme zu teilen scheinen, experimentieren daher zwar auch mit "grünen Antrieben"; sie verzichten aber auf reine Elektromotoren. Aldi Süd und Lidl setzen zum Beispiel auf mit Erdgas betriebene Fahrzeuge; Edeka Minden-Hannover und Lekkerland testen Hybrid-Lkw der Marke Mercedes Atego Blue von Daimler, die mit einem Diesel- und einem elektrischen Antrieb unterwegs sind. Dennoch gilt auch bei diesen Motoren das Diktum: Wirtschaftlich sind sie noch lange nicht. (7), (9)

Trends

An eMobility führt auf Dauer kein Weg vorbei

An Elektromobilität wird trotz aller Unkenrufe kein Weg vorbeiführen. Vor allem der Druck aus Asien ist so groß, dass es sich Deutschland nicht erlauben kann, zurückzubleiben. Das wird zur Folge haben, dass Unternehmen eMobility auf breiter Front auch für ihre Fahrzeugflotten einführen werden. Wahrscheinliche Voraussetzung ist allerdings eine finanzielle Förderung durch die Politik - zum Beispiel durch eine Umweltprämie oder Steuererleichterungen. Chancen für gewerbliche Flotten ergeben sich aktuell im Zuge der zweiten Phase der Förderinitiative Elektromobilität, die bis 2013 ein Fördervolumen von einer Milliarde Euro an zusätzlichen Mitteln zur Verfügung stellt. Neben Elektromotoren werden sich voraussichtlich auch andere Antriebe durchsetzen, die ebenfalls umweltfreundlicher als die traditionellen Verbrennungsmotoren sind. Auf welchem Level sich das Verhältnis einpendeln wird, ist allerdings nicht absehbar. (6), (7), (10)

Fallbeispiele

DeTeFleetServices experimentiert mit Elektromobilität

Zu den Unternehmen, die mit dem Thema Elektromobilität experimentieren, gehört zum Beispiel auch DeTeFleetServices. Der Flottendienst der

Telekom testet im Rahmen eines Feldversuchs zwei Modelle des französischen Automobilherstellers Renault - den Fluence Z.E. und den Kangoo Z.E. Beide Fahrzeuge werden für tägliche Servicefahrten verwendet. (4)

Regierungsprogramm fördert "Stromos" bei SAP

Im Zuge der ersten Phase des Regierungsprogramms hat der IT-Konzern SAP dreißig "Stromos" von German E-Cars in die Dienstwagenflotte aufgenommen. Im Rahmen eines Projektes, das SAP mit dem Energieunternehmen MVV (Mannheim) und dem Institut für sozialökologische Forschung (Frankfurt) durchführte, wurde eine Förderung von 2,2 Millionen Euro gewährt. (10)

Güterverkehr fordert Umweltprämien oder Steuervorteile

Wie zwiespältig die Diskussion über die Elektromobilität ist, zeigt folgendes Beispiel: Während Politiker massenwirksam eine flächendeckende eMobility für Otto Normalverbraucher fordern, lassen sie das Thema im Hinblick auf einen nachhaltigen Güterverkehr mehr oder weniger links liegen. Dieser wiederum steht der Elektromobilität zwar nicht ablehnend gegenüber, doch angesichts der hohen Kosten, der mangelnden Infrastruktur und der geringen Reichweiten der Fahrzeuge scheuen viele Unternehmen bisher die Investitionen in ein Umweltmanagement-Maßnahme, von der nicht abzusehen ist, dass sie sich tatsächlich einmal lohnt. Branchenvertreter fordern daher politische Unterstützung - zum Beispiel durch eine Umweltprämie oder Steuervorteile. (5), (6)

Weiterführende Literatur

(1) Elektromobilität. Sinkende Kosten sind conditio sine qua non
aus GENIOS BranchenWissen Nr. 06 vom 27.06.2011

(2) Der Preis des Fortschritts
aus werben & verkaufen Nr. 46 vom 17.11.2011, S. 27

(3) E-Flotte von 3M tankt Sonnenenergie
aus VDI NR. 28-29 VOM 15.07.2011 SEITE 13

(4) Telekom erprobt Elektrofahrzeuge von Renault
Kooperationspartnerschaft für Elektromobilität
aus BA Beschaffung aktuell, Heft 4, 2011, S. 6

(5) Ungeliebte grüne Lkw-Konzepte

aus DVZ, Nr. 61 vom 21.05.2011

(6) Nachhaltige Logistik braucht Rückenwind
aus DVZ, Nr. BTLO vom 10.05.2011

(7) Werkstätten hängen am Verbrenner - Das Kfz-Gewerbe sieht sich für die E-Mobilität gerüstet, befürchtet aber Einbußen im Servicegeschäft. Die Optimierung von Benzin- und Dieselmotoren sollte deshalb nicht vernachlässigt werden.
aus AUTOHAUS Online vom 25.10.2011

(8) RWE-Managerin Carolin Reichert zu den Herausforderungen der Elektromobilität „Die Standards werden in den nächsten ein bis zwei Jahren gesetzt"
aus Industrieanzeiger, Heft 19, 2010, S. 18

(9) Handel testet grüne Motoren
aus Lebensmittel Zeitung 28 vom 15.07.2011 Seite 030

(10) Messe für Fuhrparkmanager
aus AUTOFLOTTE, Heft 8/2011, S. 36-37

Impressum

Elektromobilität - Trotz aller Unkenrufe führt auch im Umweltmanagement kein Weg daran vorbei

Bibliografische Information der deutschen Nationalbibliothek

Die Deutsche Nationalbibliothek verzeichnet diese Publikation in der deutschen Nationalbibliografie; detaillierte bibliografische Daten sind im Internet über http://dnb.d-nb.de abrufbar.

ISBN: 978-3-7379-1528-1

© 2015 GBI-Genios Deutsche Wirtschaftsdatenbank GmbH, Freischützstraße 96, 81927 München, www.genios.de

Alle Rechte vorbehalten. Dieses Werk ist einschließlich aller seiner Teile – z.B. Texte, Tabellen und Grafiken - urheberrechtlich geschützt. Jede Verwertung außerhalb der Grenzen des Urheberrechtsgesetzes bedarf der vorherigen Zustimmung des Verlags. Dies gilt insbesondere auch für auszugsweise Nachdrucke, fotomechanische Vervielfältigungen (Fotokopie/Mikroskopie), Übersetzungen, Auswertungen durch Datenbanken oder ähnliche Einrichtungen und die Einspeicherung und Verarbeitung in elektronischen Systemen.